Mi Testimonio

Pastor de origen brasileño Adilsier José Santos Costa
Ministrando Liberación y Sanidad a parejas y familias.

2016 "Mi Testimonio" Por Adilsier J. Santos Costa.
Publicado por Baute Production Publisher
Ultima revisión 2024
Email: authors@usa.com
Tampa, FL 33616
(813) 693-8879

Al Señor Jesucristo por salvarme justo a tiempo.
¡Toda honra y Gloria sean a Su Nombre!
Agradeciendo al Dios viviente
por permitirme realizar este trabajo para su Gloria.

Mi gratitud y mi amor, además:

A mi familia, mi esposa Ángela Regina, mis hijos Alex, Alan, Fernanda y Marlon. Mis padres y hermanos, en especial a mis hermanas Adilza S. Costa y Anilza Costa.

También a mi amado amigo y padre espiritual en el Perú, Reverendo Durwin Hilario y familia. Y a la preciosa del Señor que mucho amamos la Licenciada Doreas Vásquez, quien con amor ha hecho la revisión de este Libro. Y por último a Baute Production por la edición y publicación en el 2016.

INDICE

INTRODUCCION

Dios nos ha llamado para servirle a su Santo Ministerio y EL ha usado nuestras vidas para restaurarlas en el nombre de Jesús y por el poder de su Espíritu Santo. nuestra visión es juntar tesoros en el cielo, en la tierra amar a las almas perdidas, ayudar a los niños huérfanos, las viudas, los niños necesitados, drogadictos y a los despreciados por la sociedad en general. Ayúdenos con sus oraciones y ofrendas para cumplir nuestra misión.

Que Dios le bendecirá siempre.

Adilsier José Santos Costa

RECONOCIMIENTOS

Pastor Dr. Agnaldo Sacramento, Francisco Akemi, Manuel Rose, Pedro Ana Tashiro, Misionera Ednite, Pastor Gedilson, David Williams y a toda la familia Shalom.

Iglesia Bautista Shalom ABC de Sao Paulo-Brasil.

A todos los siervos que siempre estuvieron orando por nosotros.

Al Reverendo Leonidas Ruiz por su amor con el cual ha traducido y colaborado directamente en esta obra, a Nelson y Mónica Santos Cruz.

¡El Señor siempre los bendecirá!

Nota: Todo fondo recaudado por la venta de este libro servirá para el Centro de Restauración "Jehová Jireh".

TESTIMONIO DE MI VIDA

El día 27 de Enero de 1957 nací en una pequeña ciudad conocida como Abaetetuba, que tiene como capital la ciudad de Belén en Norte Brasil. Era un niño guapo, y mis padres me pusieron el nombre de Adilsier José Santos Costa. Fui un regalo del Señor para mis padres pues llegaba a un hogar evangélico.

Abaetuba, Brasil

Mi querida madre Sierva preciosa del Señor toda una vida. Como toda madre siempre preocupada en enseñar el camino de Dios me llevaba a la iglesia y aprendía en la escuela dominical. El interés de mis padres se caracterizó con en que mi vida se mantuviera en la Presencia del Señor.

Génesis 1:26 nos habla: *"Entonces dijo Dios, hagamos al hombre a nuestra imagen conforme a nuestra semejanza, y señoree de los peces del mar, las aves de los cielos, las bestias, **en toda la tierra**, y en todo animal que se arrastra sobre la tierra."*

Observe que está señalado "en toda la tierra", Dios Todopoderoso ha creado al hombre para ser una bendición, para señorear la tierra y sin embargo pregunto: ¿Qué hace el hombre? Lamentablemente la respuesta es: busca caminos adversos y tortuosos cuando entra por la puerta ancha que seguramente lo llevara al infierno, si no se arrepiente a tiempo.

En el libro de los Hechos 3:19 dice *"Así que arrepentíos y convertíos para que sean borrados vuestros pecados, para que venga de la presencia del Señor tiempos de refrigerio."*

Cuando cumplía trece años vino sobre mi vida una especie de somnolencia, vivía para dormir día y noche. Satanás envolvió en oscuridad a mi padre, pues me llevo a un hechicero, para resolver mi problema. Sin embargo, este fue el principio de una gran maldición. Al seguir enfermo, me llevó a Belén a una famosa hechicera, con el fin que haga el trabajo de limpia espiritual en nuestro hogar y nuestras vidas. Con este "trabajo" nos trajo una completa maldición.

Deuteronomio 4:5-16 dice *"Guardar pues vuestras almas...para que no os corrompáis"*.

Éxodo 20:3 dice *"No tendrás dioses ajenos delante de mí"*. La desobediencia es la plaga de los hombres.

Cumpliendo quince años en 1972, siendo estudiante de un buen colegio vivía cerca de amigos. Uno de ellos estaba envuelto en las drogas, esclavo del diablo desde hacía mucho tiempo. El me instó a probar un cigarrillo de marihuana y ahí empezó mi terrible experiencia.

De probar un cigarrillo pase llegar a ser dependiente de la maldita droga, llegando a un consumo mínimo de tres veces al día; en ocasiones llegándolo a esconder en mi ropa interior para que no me falte.

Yo no podía estar satisfecho. Esto se tornó natural, del amanecer al alba pasábamos drogados, añadiendo más perdición a mi vida con alcohol, bailes, prostitución, etc. Así pasaron los días, meses y años, cada día más involucrado en la oscuridad. Mi vida era un desastre, sólo pasaba durmiendo. Llegaba a casa de madrugada, borracho, drogado.

Cuando cumplí 18 años conocí a una chica que me hizo sentir una gran emoción y pasión, que es muy diferente al amor. Busqué la manera de cambiar la residencia en la pequeña ciudad Abaetetuba, hacia la capital Belem do Para; con la excusa de seguir estudiando, puesto que en la capital siempre hay mejores condiciones.

Mis padres trabajaban muy duro para sostener mis gastos en la Capital, pues allí todo era más caro, sin embargo, yo no valoraba el tremendo sacrificio de mis padres, no reconocía el sufrimiento de ellos porque no me importaba nadie. Satanás me tenía preso, yo era un vago drogadicto, mentiroso y tramposo.

Mi madre era la que más sufría consciente de mi desobediencia, aunque no imaginaba que estaba totalmente perdido en las drogas. Mi madre siempre clamaba a Dios por todos sus hijos, especialmente por mí, porque ya había perdido el control de mi vida. Como un ciego, no me daba cuenta de que mis pies ya estaban en el infierno, y era usado como instrumento del diablo, llevando a todos los chicos que encontraba a las drogas y a la perdición, creciendo más el ejército del diablo en las calles.

Desde los quince a los dieciocho años pasé muchos sufrimientos y humillaciones. Vivía de un lugar a otro sin tener esa necesidad, pues siempre tuve bastante alimento en mi casa, pero buscaba personas diferentes para que me regalasen comida ya que tenía que economizar el dinero para poder comprar drogas. Viví en varias casas hasta que conocí unos estudiantes de la ciudad de Abaetetuba en una casa, y su líder era una persona bondadosa, de un corazón maravilloso y un verdadero compañero, se llama Luis López y hoy es un excelente maestro. En muchas ocasiones me brindaba ricos frijoles, y no solo a mi sino a muchos jóvenes necesitados y hambrientos. Este varón siempre estuvo en mi corazón y ruego al Señor Jesús que sea siempre grandemente bendecido. Yo nunca reconocía sus favores, como el de recibirme en la casa donde me daba toda libertad.

Después de poco tiempo todos ya sabían que yo era drogadicto, sin embargo, nunca me preocupaba lo que pensaban de mí. Mi vida consistía en dormir todo el día, buscar comida regalada, darme una ducha y preparar un enorme cigarro de marihuana, corriendo el riesgo de ser atrapado por la policía. Asistía al colegio por una o dos horas máximo, luego me iba al grupo con el que buscaba satisfacer los vicios en bailes y mujeres, llegando a casa muy tarde.

Cada día que pasaba me debilitaba más. Poco a poco me encontraba más débil, perdía el sueño, a pesar de dormir todo el día pues no recuperaba fuerzas. Entre el alcohol, la droga y la mala alimentación me estaba destruyendo cada vez más.

Siempre quería destacarme entre las personas, era imprudente, vanidoso, orgulloso, mezquino, miserable, pero a la vez un pobre desnudo, debido a que no tenía a Cristo y estaba atado por el diablo. Usaba el pelo ondulado en medio de la espalda, llevaba en mis brazos pulseras hippies, usaba todo el tiempo gafas oscuras para esconder los ojos rojos por el uso de tanta droga, y cada día que pasaba iba perdiendo más peso. Mis costillas se podían contar y simplemente estaba hundido en el mar de lodo, de inmundicia y perdición.

En la época de verano, eran playa y más vicios y toda clase de cosas que satanás nos ofrece, yo buscaba siempre hacer lo contrario a la Palabra del Señor que estaba sembrada en mi vida. En el ejemplo del profeta Daniel, varón de Dios que propuso en su corazón, no contaminarse con las comidas, manjares y todo lo que el Rey le ofrecía y con las costumbres paganas. Mas yo cada día mataba mi alma, me contaminaba más, y más preso era del diablo. La Palabra nos enseña que el alma que pecare, esa morirá, más Dios seguía teniendo misericordia de mí. Incluso era partícipe con una familia de hechiceros en la adoración a Satanás con noches de ofrendas, trabajos de brujería, baños de todo tipo de hierbas, defumaciones (con asquerosos cigarros) y rituales donde espíritus malignos poseían a sus víctimas dejándolos en corrientes tempestuosas, imposible de que psicólogos, filósofos, médicos ó ningún profesional pueda liberar. Ella era hechicera que se hacía llamar madre de santo, pero que realmente significa bruja, hija del diablo o macumbería.

El diablo vino para matar, robar y destruir, y cualquier pequeña brecha que el encuentre, sin pensarlo dos veces entra para causar miseria y muerte espiritual. Es el padre de mentiras, lobo feroz y león rugiente que esta alrededor de las vidas, buscando a quien devorar. Y en ese momento, yo era presa fácil.

Por veinte años permití que el diablo dominara mi vida, el montado en mis hombros, yo como su caballo, viviendo como traficante y drogadicto. Él tiene dominados a millones y millones de vidas, prisioneros del pecado, la inmundicia y la maldad, y lucha con violencia para llevar esas almas al infierno, por las que no descansará.

Mes de Julio, pleno verano, mucho sol, y toda cantidad posible de mujeres. Yo era entre los primeros en llegar a la playa. En la mañana después de un cigarrillo de marihuana, iba a comprar piña, naranjas y bananas para quedar fortalecido y poder aguantar el día en la playa, entre alcohol y marihuana. A partir de las siete de la tarde, iba a reunirme con otros e ir las discotecas hasta la madrugada. Amanecíamos totalmente perdidos.

En un maravilloso día con lindo sol, salí a la playa y me encontré con una multitud de personas, entre toda esa gente destacaba una linda chica que me impacto tanto su belleza. Yo quedé intranquilo y con ganas de conquistarla, pero mi aspecto físico no era para que llamase su atención, porque que a su alrededor había muchos jóvenes mejores que yo para conquistarla; siendo flaco, sin dinero, con mala vida, no veía forma de conquistar a una chica tan hermosa. Sentía como joven el deseo de enamorarme de una bella princesa como ella. Los hombres carnales tienen ojos y pensamientos carnales.

De pronto vi esperanzas cuando supe que la linda chica era como Yo; vaga, drogadicta y desobediente a los padres. Me encontré en ese momento en una gran batalla, pensando en mil maneras de conquistarla.

Los hijos de las tinieblas son inteligentes para persuadir y hacer daño, para practicar malas obras y caminar en la maldad. Encontré la forma de acercarme a ella cuando le ofrecí un cigarrillo de marihuana; así comenzó nuestra amistad, quedando en vernos al día siguiente. Al empezar a conocerla, supe que junto con su familia estaban recién llegados a Belén de Para, expulsados por las autoridades de Rio de Janeiro donde estaban involucrados en delinquir y tráfico de drogas.

Siendo un hijo de las tinieblas y con astucia, fui donde la hechicera a uno más de mis rituales, que los hacía en una casita que tenía en el fondo y que usaba como altar para sus imágenes de adoración (demonios terribles y peligrosos conocidos como Tranca Rua y Paloma Giria) usados para actuar poniéndoles velas y vino. Estos rituales se les hacía a las personas millonarias que pactaban con ellos, pidiendo el alma de esas personas. Yo los comparo con una extractora. Te absorben para quitar la paz, la armonía, salud, prosperidad, hasta conseguir el alma de los hijos de desobediencia. Gracias a Dios y su misericordia, no llegué a ofrecerle mi alma. Mi pacto solo llegaba hasta las velas y vino en un círculo como consagración y adoración. A su vez, servía para que el diablo me proporcionara dinero. Después del ritual, yo salía por las calles de la ciudad como loco, buscando una manera de encontrar dinero fácil, y encontrarme con la princesa de mis sueños.

De pronto se me presentó la oportunidad de obtener dinero fácil, cuando acompañé a un profesor de Universidad, que se dirigían a su casa con su pareja. Con el pretexto que tenía sed, ya que hacía mucho calor; aproveché un descuido para dejar la cerradura de la ventana abierta y esperé que ellos salieran, para luego entrar y desbalijar lo que más podía para luego vender.

Al entrar en la habitación me encontré con la sorpresa que mezclados entre el edredón y ropas tenía un paquete de dinero con un total de quince mil dólares. Me escondí el dinero y salí como loco huyendo.

Busqué un amigo para ir a la playa con nuestros vicios, alquilamos un coche, compramos comida, marihuana y en el camino me detuve para entregar mi ofrenda de velas y vino, como de costumbre. Por quince días alquilamos en una habitación de un nos encargamos de vivir bien entre hotel, paseos en taxis, consumiendo drogas, bailando, etc.

Después de una noche de perdición con mi chica entre alcohol y marihuana, la llevé a su casa donde su padre no la recibió. Enviándola de nuevo a Belem, pasado un día la seguí. El padre de la chica tenía un restaurante en Belén. Yo busqué conquistar el corazón de la madre, pedí el mejor plato que había en el restaurante, y así lo hice por muchos días. Su madre no podía creer que un muchacho aparentemente virtuoso estuviera perdido y buscara guiar a su hija en los caminos de la oscuridad. Mientras más intimaba con ella, más me enamoraba perdidamente.

Belén de Para, Brasil

Desde ese día pasábamos más tiempo juntos, entre drogas, bailes, fornicación y cada vez más contaminados, prisioneros de Satanás. No nos importaba viajar muchos kilómetros, con tal de pasar juntos en nuestros vicios, daba igual dormir entre basura o entre borrachos. Así un buen tiempo, cuando supimos que sus padres habían tomado la decisión de irse de la Belén hacia otra ciudad llamada Tucurui, donde sería construida una hidroeléctrica.

Tucurui, Brasil

Arreglaron todo para mudarse. El viaje lo harían en barco que llevaría su auto. A mí me entro una desesperación y aflicción porque estaría lejos de mi princesa, pensé que me destruiría por completo. Entonces decidí decirles a mis padres que me iría junto a ella. Por supuesto, no estuvieron de acuerdo, ni ellos ni los padres de la chica. Mis padres se quedaron muy tristes por mi decisión. Tomé rápidamente las cosas primordiales y corrí para alcanzar el barco. Fue sorpresa para todos al verme llegar, ya que no esperaban que dejara todo por amor a su hija.

Salimos a las 3 pm de Belén de Para y en la noche dormí con ella en una Hamaca mirando el cielo y el mar; a partir de ahí su padre entendió que no era un novio más en la vida de su hija. Desde ese día empezamos a vivir en unión libre. Cuando llegamos nos sorprendimos porque vimos indios prácticamente desnudos, en una ciudad rodeada de montañas, dentro de la selva amazónica, una naturaleza hermosa. Sin embargo, sentimos mucha tristeza en nosotros porque nuestro ambiente era nocturno, llenos de toda clase de vicios y ahí no lo íbamos a encontrar.

En esta nueva etapa de mi vida, viviendo formalmente con mi princesa, que era lo que quería. Llegue a conocer a su familia en general, la madre me tenía como un hijo después de mostrarme como un muchacho bueno, respetuoso y educado, cuando realmente era un lobo vestido de oveja, un instrumento del diablo. Como dormía mucho, la madre comenzó a sospechar y un día me sorprendió preparando un cigarrillo de marihuana en la habitación.

Me había traído de la capital una cantidad razonable para consumir hasta que encontrara donde comprar más. Ese encanto que la madre llego a sentir por mí se acabó y comenzamos una verdadera guerra. El padre, aunque era un hombre fuerte físicamente, también era sencillo y buscaba ayudarnos en todos los sentidos.

Por años ya me tornaba una persona más antipática, desobediente, rebelde y vago, aprovechándome de la familia para vivir esa vida desordenada causando muchos problemas. Con mi chica no tenía muchos problemas porque jugaba mi juego de conquistador, aunque tuvimos momentos difíciles. A mi suegro le encantaba pescar y cazar en la selva. Allí contrajo la fiebre amarilla, y varias veces se enfermó, al punto que quedo con daños cerebrales afectando también eso a la familia. Mi vida era dormir y comer, y eso molestaba mucho a mi suegra que no estaba dispuesta a soportar que yo llevara esa vida.

Por un tiempo nos pusimos a vender plátanos, que teníamos que trasladar muchos metros desde el coche hasta la casa, cosa que no pensaba soportar, eso provocaba más conflictos con mi suegra, volviéndose las cosas de mal en peor.

Mi primer empleo fue conducir una furgoneta que mi suegro alquiló a una empresa. Al poco tiempo discutí con mi jefe, por ello fui despedido, causando a mi suegro la molestia de conseguir a otra persona para conducir su vehículo. Yo cada día era más desagradable y me volvía más piedra de tropiezo. Mi princesa, mi cuñado y yo seguíamos usando las drogas normalmente como de costumbre.

Llegó la empresa para construir la hidroeléctrica de Tucurui y había empleo para más de cinco mil hombres. Mi suegro puso entonces una tienda para vender empanadas, sándwich, bebidas y jugos. Allí era donde aparcaban los buses con los trabajadores de la obra.

Hidroeléctrica de Tucurui

Ellos llegaban hambrientos a nuestra tienda y todo lo que teníamos se vendía. Fue una época donde ganamos gran cantidad de dinero, sin embargo, no supe aprovechar esa bendición. Conocí personas de diferentes ciudades en ese tiempo, mantenía contacto con varios drogadictos. Entonces comenzaba yo a traficar drogas. En poco tiempo ya conocía a los funcionarios de la empresa que construía la hidroeléctrica que les gustaba consumir droga. Mi labor era buscar kilos de marihuana a otras ciudades y otros estados para seguir traficando y ganar más dinero que en una simple tienda, además mi clientela era gente importante. La policía estaba detrás de los traficantes, los tenían como muy peligrosos.

Yo no vendía a cualquiera, mis clientes eran personas profesionales y de posición, ligadas a las grandes empresas, gente de alta sociedad. Muchas veces se formaba una cola de carros en frente de mi casa que iban a comprar la droga, colas kilométricas. Inventaba historias para que el vecindario no incordiara mi negocio.

Por algunos años seguí en esto del tráfico de drogas, ya habían nacido mis dos primeros hijos. Mi princesa ya sabía que yo andaba con mujeres y nuestra relación ya no era la misma de antes. El amor parecía que se acababa. A pesar de eso, seguíamos juntos y tuvimos otro hijo, pero mi esposa sufría por mis infidelidades y buscaba la manera de abortar ese hijo, sin medir consecuencias, sea con inyecciones, etc. Mi Dios todopoderoso en su infinita misericordia libró a mi esposa y al bebé de la muerte. Ese tercer bebé era una linda niña, preciosa como la madre.

En esos días me enteré la policía andaba tras mis pasos, después que alguien me delatara por librarse de prisión, por ello hui con mi familia a otra ciudad. Allí no había trabajo y todo lo que había "ganado" Satanás me lo quitó. Aún así, seguíamos usando drogas.

Hidroeléctrica de Tucurui

Mis padres nos ayudaban con comida. Después de dos años comenzamos un trabajo de ventas de sándwiches, jugos y batidos; con bajas condiciones, pero suplía las necesidades básicas para mi familia.

Para cuando estábamos queriendo levantar un hogar, Satanás nos ofrece un arma mortífera: cocaína crack, una droga mortal y muy adictiva, aprovechando el enemigo de las almas alejadas de Dios y acabar con sus vidas prematuramente. Ese fue el inicio de un final triste para nosotros en todos los sentidos, porque pasamos a ser parásitos vegetativos. Yo seguía haciendo viajes a la capital en busca de drogas para traficar, engañaba a mi esposa y a toda la familia. Me pasaba días fuera de casa, entre prostíbulos, engañando y haciendo trampas para obtener más dinero para satisfacer mis deseos carnales y diabólicos.

Las cosas se ponían más graves en casa, yo solo tenía tiempo para las drogas olvidando a mis hijos y mi esposa.

Hacíamos reuniones en casa desde la tarde hasta las siete de la mañana entre cocaína, crack (que ya sabíamos fabricar), marihuana, alcohol, etc. Ellos fueron creciendo en ese ambiente observando esa mala vida, tenían en nosotros la clase de mal ejemplo que unos padres podrían darle a sus hijos. Ellos eran testigos incluso de las discusiones y maltratos a mi esposa; ya no había más respeto, ni intimidad, mucho menos Amor entre ella y yo. Ellos se estaban totalmente abandonados de amor, atención y cuidados de sus padres. Les faltaba de todo.

En nuestro hogar reinaba el diablo, entre mentiras, adulterio, peleas, división y destrucción física y moral, llenos de pecados e inmundicia. En estas condiciones nos mudamos nuevamente para Belén de Para, donde el enemigo tenía en sus planes destruir nuestra familia y tomar nuestras almas para llevarlas al infierno.

Jesús dijo: *"Yo soy la resurrección y la vida, el que cree en mí, aunque este muerto vivirá. Y todo aquel que vive y cree en mí, no morirá."* (Juan 11:25-26).

En Efesios capítulo 2 nos dice: *"Él os dio vida a vosotros cuando estabas muerto en vuestros delitos y pecados, en los cuales anduvisteis en otros tiempos, siguiendo la corriente de este mundo, conforme al príncipe de la potestad del aire, el espíritu que ahora opera en los hijos de desobediencia."*

Mi esposa y yo estábamos muertos en esos delitos y pecados, éramos difuntos ambulantes. Para ese entonces yo ya estaba involucrado más en las cosas del diablo, cada vez frecuentaba más reuniones de brujerías.

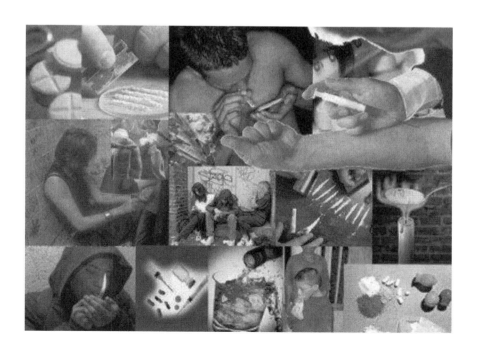

La salud deteriorándose, pesaba como en unos 54 kilogramos, tenía problemas cardiacos y pulmonares, mi aspecto era peor que un enfermo de sida, Mi esposa estaba muy delgada, pesaba 45 kilos, con problemas de gastritis llegando a úlcera crónica y problemas graves en su hígado. Esta linda chica de la que me enamore, la reina de mi corazón, ahora se tornó fea, sin valor.

La relación iba tan mal que mi esposa ya no soportaba vivir conmigo y había decidido separarse. Sus padres y su hermano habían regresado a Río de Janeiro. Un día en navidad me dijo que se iba porque si no lo hacía se moriría allí en Belén. La excusa de huir de la mala vida que le estaba dando, era su salud; sus padres la ayudarían a recuperarse, cuidarían de ella.

Rio de Janeiro

Se fue, quedándome solo con los niños, que yo en medio de tanta oscuridad llené maltratos, cosa que no merecían pasar. Por ello los envié a casa de mi hermana.

Estando solo, me perdía aún más; en una ocasión me encerré por tres días, drogado en mis alucinaciones, sin alimento, ni ducha, ni relación con el exterior.

Pasaron los días y no quería saber de mis hijos, no me importaban en absoluto. Cuando se me acababa la droga, y no tenía como comprar, entraba en depresión, angustia, sufrimiento, desesperación. La venta de estupefacientes ya no me funcionaba porque decidí robarles para tener para mi propio consumo; solo les daba 10 % de la droga que vendía y me quedaba con el 90 % para mi deleite. Comencé a vender y a negociar todo lo que tenía en casa hasta quedarme en la miseria. Mi compañía eran los ratones y bichos ya que la casa era un asco. Entonces Satanás me decía que yo no tenía ninguna razón para vivir, porque ya no tenía familia, esposa, hijos, amigos, dinero ni moral. Y así me estuvo persuadiendo de suicidarme porque mi vida ya no tenía sentido.

Una mañana pasando por casa de mi hermana, algo me llevaba hasta allí, pensando despedirme de mis hijos que vivían con ella. Cuando toque la puerta, abrió una señorita llamada Edinete, sierva del Dios Altísimo y Misionera; a pesar de que no nos conocíamos, el Espíritu Santo le mostró quien era, le mostró mi vida presa de las drogas y del diablo, poseído de un demonio llamado Exucalavera, que es un principado que mata a las personas a través del suicidio o accidentes. Ella vio que el plan del enemigo era acabar con mi vida, llevando mi alma en pena de fuego eterno.

Sin embargo, el Gran Shadai tenía otros planes para mí; El Dios Todopoderoso le habló a esta joven misionera diciéndole que clamara por mí, pues El salvaría mi alma para llegar a ser un instrumento poderoso en sus Manos, pues me había escogido desde el vientre de mi madre.

Esta joven misionera de rodillas delante del Señor lloraba clamando por mi vida, y yo regresaba a mi casa sin entender que pasaba.

La misionera Edinete ayuno por siete días para interceder por mí por esos siete días. Al séptimo día, en completa depresión y desesperación, llegué a su casa moribundo y mal oliente, y sentí que el amor de Jesucristo me recibía, y me hablaba palabras de vida eterna. Ella me mostró el amor del Señor, el pan de vida, que descendió de los cielos, el Autor y Consumador de la Fe, el Cordero de Dios y Salvador de todo pecador arrepentido, el que resucita a los muertos y que sanaría mis profundas

heridas, el que cambia las vidas de todo hombre; aún siendo como yo, vago, drogadicto, ladrón, traficante, despiadado, lo transforma de pecador a Siervo Fiel, Predicadores del Evangelio, Ministros de justicias, Instrumentos poderosamente usados para la Gloria de Dios Padre, Hijo y Espíritu Santo.

Cuando ella me hablaba la Palabra de Dios, me penetraba todo mi ser como bálsamo refrescante. En ese momento me entregué a Jesucristo y le recibí como mi Salvador personal, como describe su Santa Palabra en Mateo 11:28: *"Venid a mi todos los que estén trabajados y cargados y yo les hare descansar."*

Yo estaba en la peor situación que pueda encontrarse un ser humano, y ese viernes acompañé a la misionera Edinete para la iglesia y presentarme como un hermano más ante el Pastor y la congregación.

Regresé a casa, Satanás trataba de atormentarme y yo estaba claro que el enemigo me hablaba diciendo: ¿Qué pasó? ¿Estás loco? ¿Por qué te has metido con ese tipo de gente? Ellos son mentirosos, te quieren sacar de tu verdadera alegría, de tus placeres, ahí tienes más droga, cigarrillos y licor, cosas que nunca te faltarán, es nuestro acuerdo.

¿Recuerdas? Yo temblaba y siguiendo hasta mi cuarto, tomé las drogas y comencé a usarlas desde ese viernes toda la noche, el sábado y el domingo también, sin comer, sin bañarme y sin hablar con nadie. El diablo me quería muerto ya.

El domingo a las nueve de la noche, alucinando, completamente borracho y drogado, me fui a casa de un vecino para pedirle dinero porque tenía un grave problema. El compadecido por mí me prestó el dinero para pagar un taxi que me llevara a la iglesia. Llegué a las 9:15 pm todo drogado, sin bañarme por tres días, sin cepillarme los dientes, con el pelo largo y asqueroso, alucinando por todo el crack que tenía dentro, mi pantalón y zapatos rotos; llegué y ya había terminado la reunión. La misionera estaba en la cera de en frente y se dio cuenta que yo había llegado; corrió a recibirme, me abrazo con ese Amor de Cristo, que no mira apariencias. Yo intentaba hablar, pero no lo conseguía, intenté apartarla de mí, pero la Sierva llena de compasión por mi vida y llena del Espíritu Santo me decía: -no hables, -no te preocupes, Dios me ha hablado. Y me pidió que la siguiera. Yo seguí con ella tropezando y los hermanos de la Iglesia me observaban diciendo: - Jesús tenga misericordia.

Un grupo de obreros y pastores me pidieron que me sentara en una silla pequeña que usaban los niños, y quede prácticamente desmayado.

Ellos se pusieron a orar por mí, yo casi inconsciente por unos diez minutos de clamor, escuchaba, ¡Amén! ¡Amén! Cuando llegué a mi casa después de tres noches sin dormir, caí desmayado en la cama.

En las primeras horas del lunes al despertar sentí un olor penetrante en mi nariz pues el cuarto que estaba lleno de drogas tenía ese olor que apestaba por tres días.

Me enojé y de rodillas delante de Dios, yo renuncié de una vez a todo pacto con el diablo, entregándome a Jesús por completo en espíritu, cuerpo y alma, fue entonces que sentí el poder de Dios que me sanaba y liberaba completamente en ese momento.

ENTREGA TOTAL

(Empezaba otra gran batalla)

Entregarse a Jesús no solo, es decir: Señor Jesús te acepto como Salvador de mi vida. Entregarse a Jesús es tenerle como Señor Salvador y Rey de tu vida, es nacer otra vez para una vida dé completa fidelidad para El, una vida consagrada que consiste en enterrar el viejo hombre con su vieja naturaleza y nacer para una nueva vida, en la dimensión del Espíritu, el cual dirigirá tu ser por completo, para que seas un instrumento poderosamente usadas en las manos del Altísimo.

Después de entregarme a Jesús y cambiar mi pensamiento me decido a cortarme el cabello, cuidarme físicamente, ya que espiritualmente el Señor Jesús me había bañado con su sangre preciosa y me consideraba un hombre nuevo. Hacer frente con la justicia, de todos los actos en donde algún día delinquí, fue una de mis prioridades. Mis Pastores me apoyaban, guiaban y aconsejaban en todo momento.

Con muchas ganas comencé a buscar más la presencia del Señor. Fui a buscar a mis hijos que estaban pequeños todavía y comencé a amarlos como un padre de verdad ama a sus hijos, a cuidarlos en casa y no tenía problemas para hacerlo pues sabía cocinar, lavar, limpiar, y por un tiempo estuve siendo como padre y madre.

Comencé a ensenarles el camino del Señor a mis hijos, los llevaba a la iglesia y en poco tiempo estábamos buscando profundamente de Dios. Fui invitado por unos hermanos para un tiempo de cuarenta días de consagración.

Comenzábamos desde las seis de la mañana hasta las siete orando en la Iglesia, luego hasta las doce ayunábamos en la casa. Fue el último día que el Señor Jesús me confirmaba el hablar en lenguas.

Fue una experiencia tremenda, me encontraba en el piso con el rostro pegado en tierra. Dios me llenaba de su gracia y me fortalecía para enfrentar una guerra. Seguí el camino con luchas, extrañando mucho a mi esposa, porque me había dado cuenta lo importante que era ella para nosotros. Empezamos una batalla de oración para que Dios hiciera un milagro en el corazón de mi esposa.

Satanás ya le había convencido de que no regresase pues yo no le servía como esposo, y ella había tomado una decisión de llevarse a nuestros hijos a través de sus hermanas con un permiso de un Juez, porque no quería saber más de mí.

Mi hijo Alan tenía la capacidad en su vida de intercesión; el lloraba delante de Dios y oraba como un siervo que tenía muchos años de experiencia y Dios me había bendecido con esto, pues El declara *"Cree en el Señor Jesucristo y serás salvo tú y tu casa"*.

Después de varios días clamando al Señor me envía una sierva que yo nunca había visto y me pregunta ¿Usted es el hermano de Brasil? Yo le respondí yo mismo soy, y ella me dijo vengo de parte de Dios Todopoderoso para decirle que haga una consagración de nueve días, tres días de peticiones, tres días de alabanza y tres días para dar gracias y verá la Gloria del Señor. Yo estaba muy feliz pues sentí que Dios hablaba a mi espíritu y obedecí cuidadosamente, al siguiente día al terminar la consagración mi vecino me llama apurado diciéndome:

"Venga a atender el teléfono"; yo fui volando y para mi sorpresa era mi esposa que me decía: venga por mí a las 23:00 en la estación de autobuses que estoy saliendo a la casa.

Amados lectores, créanme que, si no fuera por la misericordia de Dios, hubiese sufrido un ataque al corazón y hubiera muerto, porque el corazón se me salía por la boca de tanta emoción. Podía sentir y vivir el poder de Dios. Fue tan grande la emoción que hasta se me olvidó agradecer al vecino por permitirme usar su teléfono. Fui a la casa donde mis hijos y abrazados en llantos de alegría, glorificábamos al Señor por su infinito amor y misericordia, pues ya teníamos 90 días sin verla.

Antes de llegar mi esposa ya tenía arreglada la casa porque le esperaba con mucha ansiedad. A esos de las doce de la noche en la estación de autobuses nos encontramos y fue algo muy especial. Cuando llegamos a la casa los niños esperaban a su madre con mucho amor y fue una gran bendición. Nos quedamos conversando hasta las tres de la mañana, la princesa de mi corazón volvía a reinar en nuestro hogar y más que nunca en mi corazón.

Pasando los días me entero de la condición de a salud de mi esposa. Ella tenía consigo todos los papeles del médico donde diagnosticaban problemas graves de gastritis con ulcera crónica y un pequeño tumor en su hígado, los médicos en Rio de janeiro le hicieron toda clase de exámenes comprobando en que salud se encontraba.

Solo Dios podía hacer un milagro, mi esposa que es una mujer muy observadora al vernos, le parecía imposible creer que Dios había cambiado mi vida, como podía cuidar de mi hogar, de mis hijos, preocupado por las cosas de Dios, ir a la casa del Señor con los niños. Aunque mi esposa tuvo una educación religiosa por cuatro años internada en un colegio de monjas, no conocía al Dios que profesaba. Ahora se encontraba delante de mí que le hablaba siempre del Señor Jesús.

Yo tenía cierta aflicción pues quería ver a mi familia en bendición, mis Pastores con amor y dedicación me orientaban, pues el Señor nos enseña que la obra de Dios nos es del hombre, ni es por fuerza si no por el Espíritu Santo. Entonces desde mi inicio en la vida cristiana ejercite una fe gloriosa en la persona del Señor Jesucristo y siempre estaba en oración, vigilando todo el tiempo.

Debido a nuestra vida pasada mi esposa tenía marcas, heridas profundas en su corazón, por lo mucho que había sufrido durante años. Yo contemplaba la gloria del Señor con la presencia de mi esposa, aunque ella todavía no había aceptado a Cristo. Yo seguía confiando y esperando otro milagro de Dios.

Un domingo mi esposa salía temprano para ir a la Iglesia católica y yo con mis hijos a la casa del Señor, este día yo oraba preguntándole a Dios: Padre como puedo yo con mis hijos adorarte a ti, y mi esposa adorando imágenes. Dios hablo a mi corazón diciéndome, no temas, cree solamente, pues Yo soy Dios.

Al regresar a la casa me tocaba preparar el almuerzo, cuando llegó mi esposa y dijo que era la última vez que iba a una iglesia católica. Pregunté: ¿Qué pasó?, mi esposa respondió: no escuché nada de Dios, solamente una campaña política en la Iglesia.

Pasó un minuto me fui en silencio a mi cuarto y arrodillado en llantos glorificaba al Señor que poco antes me había dicho: No temas yo soy tu Dios. Amados, esperar y perseverar es necesario. A veces queremos intentar a Dios, pero Él es el Señor y el maestro, nosotros sus discípulos Él es el padre y nosotros sus hijos. ¿De qué manera puede pensar alguien que podría ayudar a Dios? Necesitamos a Dios las 24 horas y si no fuera por su misericordia ya hubiéramos sido consumidos.

Después de glorificar y agradecer a Dios por esa victoria, al siguiente domingo temprano al despertar, para mi sorpresa mi esposa se estaba arreglando con la mejor ropa que tenía para ir a la Iglesia con nosotros ¡Oh gloria que emoción! ¿Se imaginan ustedes mi corazón? Estaba súper contento porque el espíritu santo me hablaba: "Hoy es el gran día, hoy esta decretado por Dios todo poderoso la derrota de Satanás, hoy es el día que el Señor a preparado para ti y los tuyos".

Queridos amigos hermanos y siervos, ¿Qué están esperando este día?, usted tiene uso de la sabiduría del Dios viviente para lograr bendiciones, el salmista declara: "Pacientemente espere a Jehová y Él se inclinó a mí, y oyó mi clamor".

Si usted cree de todo corazón después de leer este libro yo profetizo en tu vida en el nombre de Jesús, que dentro de muy poco, usted tendrá en su boca un cantico nuevo, un cantico de alabanza. Muchas personas amigos y hermanos suyos verán, temerán y confiarán en Jehová.

El domingo día especial en que todo hombre debe separar solo para glorificar y exaltar al Señor de los cielos, estando nosotros adorando en el término del culto, el pastor preguntaba en medio de esa multitud: "¿Aquí en vosotros en esta mañana hay alguna persona que quiere entregar su vida a Jesús?"

Ya se imaginan la bendición y así como usted está pensando, fue mi amada esposa quien contesto, ¡Yo quiero!, yo le agarre del brazo y me olvide que estábamos en una Iglesia, pues brincaba dentro de la iglesia como un niño que recibía un juguete que le encanta. Toda la iglesia compartía con nosotros ese momento de felicidad que marcaba una nueva etapa, una nueva vida en Cristo Jesús.

Regresamos a casa radiante, llena de alegría con el Señor, y le agradecía con todo mi amor de todo corazón. Dios le agrada que tengamos fe, confianza y certeza que nuestros Dios es el Dios de los imposibles.

Ahora lleno de completo gozo dije: Yo y mi casa serviremos a Jehová, unidos buscábamos como aprender más del Señor; el pastor de nuestra Iglesia y otros hermanos siempre nos ayudaron espiritual y materialmente; me fui a trabajar a la Iglesia como guardián, al mismo tiempo limpiaba la Iglesia y arreglaba todo lo que era posible. Tenía tiempo suficiente para buscar a Dios en oración y leer su palabra.

Empezamos a crecer espiritualmente y las cosas en mi hogar estaban mejor, pues ya no nos faltaba el alimento para nuestros hijos y luchaba para reconquistar a mi esposa.

En una bella noche el Señor me daba una revelación a través de un lindo sueño. Agarraba yo tres cañas juntas, abrazado comenzaba a volar. Me vi saliendo de la tierra y volando a gran velocidad, pasaba obstáculos como montañas. Después de tener un tiempo volando, me sentí cansado y al encontrar una casa de madera de tres pisos, el techo de madera en pedazos pequeñitos. Entre a la casa y me paseaba subiendo al tercer piso buscaba un asiento para cambiar las cañas de un brazo a otro, las cambié y seguí volando atravesando un gran rio, pasé al otro lado. Entonces vi a un varón de blanco que le acompañaba una gran multitud. A este lo sentí muy cerca de mí, di la vuelta para regresar y en ese momento vino nuevamente hacia mí y me abrazo con mucho amor y hablo a la multitud:

"Vamos a dejar que el varón descanse pues este es uno de mis hijos amados y necesita descansar". Dormido en mi cama, las sentía como si hubieran derramado en la cama, pues lloraba como un niño, y al despertar le dije al Señor: "Ya no te dejare, aunque no me bendigas, los más importante es que mi esposa estuviera conmigo". Mi esposa estaba despierta sin embargo no me despertó porque supo que yo gozaba del resplandor de la gloria de Dios. Fue algo tan maravilloso que no puedo describir con palabras lo maravilloso que fue contemplar a Jesús en esa revelación.

Me fui a ver a la misionera Edinete, para compartir lo que había soñado. Dios me confirmaba las luchas que pasaríamos y Jesús que es la esperanza y gloria, nos estaría esperando para El personalmente abrazarnos y servirnos en la gran boda del cordero.

Seguí trabajando como guardián de la Casa del Señor y visitando hospitales donde Dios se manifestaba. Siempre me gustaba ir a la Iglesia el domingo bien arreglado, tenía un saco color negro y cuando llegaba a la Iglesia un hermano me decía: "Llego el pastor", yo respondía dentro de mí: "Lo recibo como profecía".

El día 27 de agosto de 1991 mi hijo mayor cumplía 15 años, mi esposa y yo nos casábamos con la bendición del Señor. Fue una fiesta preciosa con mi familia, vino toda la Iglesia. No teníamos dinero, sin embargo, Jesús que de dos peces y cinco panes alimento 5 mil hombres, sin contar mujeres y niños, suplió la necesidad y tuvimos comida refrescos, cake para todos los invitados, y el regocijo fue grande en El Señor. Dios es Jehová Jireh "El Dios proveedor". Así como de grande es el universo creado, es de grandes su corazón para amarnos y bendecirnos.

Llego otra prueba en nuestras vidas. Vivíamos en una casa alquilada y la dueña nos quería sacar de la misma, talvez para alquilar a otras personas, su abogado empezó a perseguirnos, nosotros nunca le deseamos mal, solo oramos a nuestro Señor por justicia. El abogado tuvo que ir a otra ciudad a resolver el problema de una propiedad y para nuestra sorpresa supimos que había recibido tres disparos en su rostro causándole la muerte instantáneamente.

La persecución se acabó, sin embargo, llego el tiempo que Dios decidió cambiarnos de casa. Fuimos a vivir en la casa de la Iglesia y el Señor cuidaba de nosotros en los mínimos detalles.

En este momento de nuestras vidas, tuvimos que tomar una decisión muy importante, Dios nos ministraba y nos mandaba a salir a evangelizar en el país. Mi esposa tenía un poco de dudas, porque no teníamos como sostenernos económicamente, solo teníamos una carta de recomendación. Sin embargo, yo estaba seguro del respaldo del Señor, que Él no nos desampararía, porque ya tenía mis manos puestas en el arado.

¿Cómo podía yo mirar atrás? Nosotros teníamos un carro Wolkswagen Brasilia año 78, con motor y llantas nuevas. Salíamos de casa para realizar el primer viaje evangelístico y recorrer una distancia de 7000 mil Km, de Belén de Para a Sao Paulo. No tenía dinero y no había dejado prácticamente nada en la casa, era una actitud de fe, confiando en el Señor, para seguir adelante. Yo siempre oraba a Dios para que dirigiera mis pasos y me llevase a una Iglesia donde el Señor verdaderamente nos usara con un propósito. El empezó a darnos nuevas experiencias en todas las áreas, y por 2 años y 8 meses estuvimos viajando 4900km en nuestro vehículo. Llegaba a ciudades que nunca antes estuve, sin conocer a nadie.

En una tarde en una iglesia, donde siempre el pastor me daba la oportunidad de predicar, y la Iglesia recogía una ofrenda de amor, y en esos días no faltaba comida en mi casa, gasolina en el carro.

Nuestro ministerio crecía espiritualmente de una manera tremenda. Por esos dos años y 8 meses, pasaba 40 días haciendo la obra de Dios y otros 15 días en la casa.

Manejando a medianoche y cansado, no quería molestar a los hermanos que ya conocía en el país, sin tener dinero para hoteles paraba en la gasolinera, hablaba con el responsable de la gasolinera quien me permitió pasar la noche en un local limpio, donde contemplaba la grandeza de Dios al que llamé hotel mil estrellas, que es el cielo abierto que miraba acostado. Aunque en varias oportunidades nos quedábamos en hogares precioso con cama perfumada, rica comida, y todo lo necesario como en los hoteles de cinco estrellas, donde disfrutaba como hijo del Rey de gran bendición.

Dios nos usó para salvar muchas almas, liberando muchas vidas en toda clase de problemas, como brujerías hechicerías, drogas, alcohol, etc. Así como también sanando a enfermos.

En un viaje que mi esposa decidió acompañarme junto con otra amiga, llegamos a la marca de 1800 km viajando, ya como las dos de la tarde, en pleno verano, sol calentísimo, tremenda sed y hambre. Paramos en un lugar a comer y recuperarnos de tanto recorrido, pero la atención que tuvimos fue muy mala. El dueño estaba endemoniado y nos echó de su local añadiendo insultos fuertes que causaron una crisis de ansiedad a mi esposa.

Este fue uno de los peores momentos de nuestras vidas. Mi esposa pensó: "Seguramente que mi esposo no está en el centro de la voluntad de Dios". Sin embargo, el Señor nos ayudaba para poder mostrar su gloria maravillosa más adelante.

Llegamos a una pequeña pero bonita ciudad y fuimos al hogar de un hermano muy especial, quien nos estaba esperando para llevarnos a casa de su hermana y orar por ellos. Cuando llegamos a la casa Dios nos mostró que la familia se estaba destruyendo. La madre tenía cáncer en la sangre y le salían como llagas en su cuerpo, el padre apartado por 20 años del Señor y una hija en desobediencia que andaba en prostitución. Con la autoridad del Señor Jesucristo echamos fuera al espíritu de muerte, ministrando liberación, sanidad y bendición a esta familia. Dios por amor a su nombre obro maravillosamente.

Seguimos el viaje por Sao Paulo, regresamos a los 15 días a visitar nuevamente a esta familia. Pudimos glorificar al todo poderoso, pues la señora totalmente sana de todas las heridas, el esposo restaurado por el Señor estaba trabajando en una radio evangélica, y la hija en la casa con su familia.

Una gran bendición. Dios nos mostraba claramente que como el diablo estaba enojado nos había tendido una trampa en ese restaurante, porque si yo hubiera peleado con el hombre nos hubiéramos involucrado con la policía y no hubiéramos llegado a esta ciudad para salvar a esta familia.

El diablo sabe armar sus trampas para que los hijos de Dios caigan, por eso tenemos mucha razón para orar y vigilar siempre. A partir de ese momento mi esposa contemplaría la gloria del Señor y se daba cuenta que andábamos en obediencia.

Su fe y su confianza aumentaría de tal manera que cuando pasaba dos días en la casa, ella misma me insistía para que fuera a realizar la obra que Dios tenía para nuestras vidas. Pasaron dos años y medio y Dios nos había prosperado espiritual, física y materialmente, para cumplir su palabra como dice Mateo 6:33 *"Buscad primeramente el reino de Dios y su justicia y todo lo demás vendrá por añadidura"*. Dios es fiel en todas nuestras necesidades.

A partir de este momento Dios nos llevaría con toda la familia a Sao Paulo. El Señor nos bendijo de manera extraordinaria con todo lo que necesitábamos para llegar a Sao Paulo. No teníamos dinero, ni casa, ni empleo, y usted quizás se pregunte ¿Cómo íbamos a mudarnos a una ciudad tan lejos, con la toda la familia sin ninguna condición?

Yo les contesto, cuando se está totalmente en obediencia y el centro de la voluntad de Dios, no importa a donde Él te envíe, puedes estar tranquilo

que estarás respaldado. ¡Gloria a Dios! Yo estaba seguro de que Dios nos estaba esperando en Sao Paulo, no importando las pruebas que estaba pasando.

Sao Paulo, Brasil

Después de cerca de un año en Sao Paulo, viviendo en una casa alquilada, muy cara para nuestras condiciones económicas. Sin embargo, yo trabajaba muy duro, fabricaba jugo natural y chuzos para vender a los trabajadores de la empresa Mercedes Benz, en Sao Paulo, vendíamos incluso tarde en la noche para el turno de la noche. En las tardes hacia un programa de radio evangélico y colaboraba como pastor auxiliar en una Iglesia cerca a nuestra casa.

En la época de verano con mucho calor, las personas generalmente buscan la playa, el colegio, las empresas de vacaciones por navidad hasta los primeros días de enero, sin embargo, yo tenía que pagar casa luz, agua y alimentar a mi familia, preguntándome de que manera voy a ganar dinero.

Me vino la idea de ir a vender los jugos a la playa. Busqué la ayuda de unos amigos que me confiaron un préstamo de 8 mil dólares. Sin embargo, llegue a la playa con el plan de vender 5 mil botellas de medio litro de jugos naturales en 3 meses, sin pedir permiso al Señor. Pero Dios permite que el hombre camine solo para que pueda aprender que sin El nada podemos hacer. Desde que entregamos nuestras vidas al Señor El siempre un propósito para nosotros, un llamado maravilloso para las misiones, pero yo todavía tenía en mente que podía ser un empresario con recursos propios y personales, para mantener mis compromisos de familia y hacer inversiones en el reino de Dios.

Sin embargo, el Señor nos mostraba que teníamos que ser totalmente dependientes de Él, pues, así como mantuvo a su pueblo en el desierto por 40 años y de la misma manera que alimento 5 mil hombres, siempre estaría con nosotros, siempre en bendición y victoria.

Yo me demoraba en entender el misterio de Dios, pues estábamos bien equipados para vender jugos. Nuestros jugos exquisitos no se vendían, así como los jóvenes con bonitos carros en la playa con un fuerte sol, de la misma manera que llegaban los carros, se iban y nosotros desesperados nos preguntábamos: "¿Qué es lo que pasa por que no se vende el jugo hecho con todo amor cuidado, buena agua, diversos sabores y excelente calidad?" El Padre Celestial tenía su misterio.

Paso lo peor, teníamos como mil kilos de masa de frutas variadas, pero no teníamos dinero para gasolina. Nos robaron y fuimos humillados por algunas personas y así termino el verano, con la cuenta bancaria en cero,

una deuda de 8 mil dólares. Entonces comencé a clamar: "Papito lindo tenga misericordia de nosotros, perdónanos, muéstranos donde fallamos para que venga tu misericordia, y por amor de tu Santo Nombre bendíganos."

Fueron tres días de llanto ayuno, oración y clamor. Dios es el grande y todo poderoso y ante un corazón puro sincero y arrepentido de verdad, se derrite como mantequilla al calor; este se los digo para mostrarles cuanto es el amor de Dios. El, espera que los verdaderos adoradores le adoren en espíritu y verdad. Dios nos mostraba que Él nos quería más en los campos misioneros.

Decidimos depender completamente de El para todo. De pleno acuerdo con mi esposa nos postramos a los pies del Señor totalmente rendidos, y abrimos nuestro corazón diciéndole: "Señor jamás vamos a seguir solos, perdónanos y ten misericordia, sácanos de este hueco otra vez, de esta aflicción, de este sentimiento desesperante en el que estamos.

Le dije a mi esposa creo que el Señor hará otro milagro paguemos a todos los que debemos y vamos a estar listos para ir a campo misionero donde Él nos envía.

UN PASO DE FE

Dios dijo a Abraham: "Quiero que me ofrezcas a tu único hijo como sacrificio". En ese momento Abraham accedió. Nosotros no tenemos el valor de ofrendar al Señor a nuestro "Isaac", porque naturaleza somos egoístas, prepotentes, negligentes y soberbios. Dios no necesita el dinero que administramos para El, aunque seamos mayordomos, todo es de Él y para El. Si acaso Dios nos pide a nuestros Isaac, es porque quiere enseñarnos a cambiar nuestra forma de pensar y a depender de Él. Los siervos del Señor son personas de fe.

Mi amado hermano Morris Cerulo me preguntaba: "¿Qué podemos hacer para poner en práctica las obras de Dios?". La fe es el gran paso para que el Señor use nuestras vidas como instrumentos suyos, y de todo mi corazón glorifico a mi Rey Señor Jesucristo que por su infinito amor me ha enseñado a ser un hombre de fe.

Dios escogió al necio, al vil, al menospreciado, para avergonzar a los sabios.

Muchas personas me llamaron loco, sin juicio, porque he dado muchos pasos de fe en mi vida, confiando en el poder de Dios que es algo excepcional, que no viene de nosotros mismos si no del Espíritu. Una cosa es confiar en el Señor y otra es hacer locuras en el nombre del Señor. Clame al Espíritu Santo para que le ensene a confiar en Él.

Cuando oímos la voz de Señor que nos quería para trabajar en su obra, El comenzó a hacer milagros que necesitábamos para poder lograr bendiciones. Regresamos a Sao Paulo y me fui a hablar con las personas que me prestaron el dinero y ellos fueron tocados por el amor de Dios.

Todo lo que tenía en mercadería para vender se los di a esos señores por la mitad de la deuda y la otra mitad me la perdonaron. Entregamos la casa que teníamos alquilada, regalamos todo lo que teníamos en la casa, todos los electrodomésticos, muebles y todo lo que se necesita en una casa a nuestro hijo mayor que se ya se había casado y también a hermanos y amigos. Nos quedamos mi esposa, mi hijo pequeño y yo solo con nuestras ropas y le dijimos al Señor: "Padre estamos listos para cumplir contigo e ir".

Sin Iglesia con quien contar, sin dinero, ni casa, sin ningún recurso para empezar una nueva vida así salimos y nos quedamos a comer en casa de hermanos. Dios nos llevó con un siervo amigo amante de las misiones, el doctor Agnaldo Leite Sacramento, abogado, maestro de hebreo y presidente del Ministerio Bautista Shalom en S. Caletano del Sur de Sao Paulo, Brasil. El en varias ocasiones nos había dado la oportunidad de predicar en la Iglesia y Dios usaba nuestras vidas de una manera maravillosa, para el cumplimiento del plan especial que tenía con nosotros.

En la reunión con el pastor, me dijo: "Hermano si quieres te enviamos a un entrenamiento Misionero atreves de Misión Kairos; son seis meses de estudios por correspondencia y tres meses de estudio intensivo internado en la ciudad de Suzano, Sao Paulo, la iglesia asume todos los gastos y después del entrenamiento serás enviado para el Ecuador". Conteste:

"Pastor, claro que sí, con todo mi amor". Y glorificábamos a Dios abrazados. El pastor también dijo: "Quiero que seas examinado por una junta de pastores de nuestro Ministerio, seguro que serás aprobado, entonces serás consagrado pastor de nuestro Ministerio, con el respaldo del Señor y de nosotros en todo lo posible". Yo no imaginaba que El Señor usaría su misericordia tan deprisa y me dije "Padre glorioso, eres tremendo". Cuando salí de ahí casi en el aire fui a comunicarle a mi esposa y la familia la noticia. Señalamos el día del examen y fue glorioso, pues todo lo que había leído en las sagradas escrituras fueron las preguntas que los pastores me hicieron. Fui aprobado por una unanimidad y logré una nueva victoria.

Unos días más tarde en un bello culto fui consagrado y ordenado ministro del Evangelio del Señor Jesucristo, del Ministerio Bautista Shalom de Sao Paulo, Brasil, recibiendo así abrazos y felicitación de un pueblo que nos ama profundamente y son partes de la gran familia del Señor de esa Iglesia.

Después de un mes nosotros estábamos en Suzano, una pequeña ciudad de Sao Paulo, en una mini finca. Yo estaba listo para 90 días de estudios intensivos, para un mayor conocimiento de misiones y poder salir al campo misionero. Nos quedamos por un total de 100 días internados en ese lugar con reglas necesarias para obedecer al Señor y formar nuestro carácter de siervo dispuesto para cumplir con la misión. Fueron días de muchas experiencias, tuvimos maestros de gran capacidad y nos enseñaron 12 pastores, lideres, teólogos y hombres de Dios capacitados. Estuvimos reunidos por dos horas, y todos a la vez me hacían preguntas, las cuales yo respondía. Tuve la oportunidad de tener una mejor preparación para enfrentar la guerra del campo misionero, despertábamos a las 6 de la mañana hasta las 7 am en oración, luego el desayuno; a las 8 de la mañana el devocional con todos los hermanos; de 9 am a 12 clases, a la 1 de la tarde el almuerzo, luego clases nuevamente hasta las 3 pm; de 3 pm a 4 pm educación física, a las 4 pm baño; de 6 pm a 7 pm merienda; de 7 pm a 10 pm nuevamente clases, luego descanso hasta las 6 de la mañana donde iniciábamos todo nuevamente.

Al pasar los días, los líderes apuntaban todos los movimientos de cada persona y cada día había más presión, para ver hasta qué punto podíamos soportar cargas no importando las circunstancias. Y todos los hermanos pasábamos por experiencia, a pesar de tener Nombramiento de Pastor, desde la primera semana nos pusieron a limpiar baños.

En uno de esos días Dios me hablo poderosamente, cuando estaba solo lavando un baño, vino la presencia gloriosa del Señor, llenando mi corazón de gozo, sin palabras para expresar mi alegría y el Señor muy claro me hablo: "Mi siervo, a mis hijos que me obedecen y que los exalto, yo los lleno de bendición, de amor, y estoy contigo, no temas."

Fue suficiente para que me prostrara llorando como un niño abrazado a una taza ¡Gloria a Dios! Fueron varias experiencias que Dios nos daba cada día. Todas las semanas escogían a una persona para ser líder y todos teníamos que estar sometidos. Todos los domingos teníamos culto, y yo fui el único que no tenía la oportunidad de predicar, a pesar de ser pastor. Pero esto era una prueba para ver si yo reclamaría o me pusiera a murmurar, como siendo pastor no me daban la oportunidad de predicar.

Mas gloria al señor que me enseñó a través de su Santo Espíritu mi posición de siervo. Desgraciadamente algunos se olvidaban de que eran siervos, discípulos y mayordomos del señor, actuando como si fueran dueños de las Iglesia, cuando solo hay un Señor y solo Él es digno de honra y gloria. ¡Aleluya!

Al terminar el entrenamiento se realizó un culto muy bendecido en la Iglesia de las Asambleas de Dios, en Sao Paulo, con la graduación de todo el equipo. Nos preparamos para salir al campo misionero con muchas expectativas, todos teníamos deseo profundo de estar con la familia, abrazarlos y decirles que pronto nos veremos. Necesitaba dinero para ir con toda la familia a Belén de Para. Dios satisface el deseo de sus siervos cuando obedecen. El Espíritu Santo me llevo a preparar un video de nuestro testimonio.

Dios obrando y usando a sus hijos, me proporciono las condiciones para hacer 200 videos. Alquilamos un carro nuevo y salimos de Sao Paulo con destino a Belén de Para, pasamos por cinco estados predicando en las iglesias.

Dios obrando maravillosamente y los hermanos nos apoyaban comprando los DVD. En todo el recorrido viajamos 11 mil 500 km, en 30 días estuvimos con nuestras familias, compartimos con alegría los hechos de señor y sus bendiciones. En este viaje Él nos bendijo con tres mil dólares los cuales fueron usados para comprar un auto para la obra en Ecuador.

LISTOS PARA PARTIR

(Hacia el Campo Misionero)

Después de una reunión con nuestro pastor, la iglesia compro los boletos para el viaje y nos preparó un culto de despedida. El Señor es grande pues Él nos ha dado siervos preciosos, hombres y mujeres que aman al Señor con todo el corazón. La familia de Ministerio Bautista Shalom ha cuidado de nuestra familia con todo amor, cariño, respeto y consideración. No podríamos citar nombres, porque podríamos pecar si olvidamos a alguien y son muchas personas que Dios nos ha puesto en el camino. Sin embargo, hablamos de la familia "Shalom" la cual vive en nuestros corazones y cada día nos anima a buscar más del Señor para ser siempre un canal de bendición.

El día 17 de Octubre de 1997 salimos en un avión de una aerolínea ecuatoriana con destino a Guayaquil. Mi esposa, mi hijo Fernando y yo, llorábamos al partir de Sao Paulo, orando y tomados de las manos decíamos al Padre Eterno: "Padre, nuestras vidas te pertenecen y tu voluntad prevalecerá en nuestras vidas."

Llegamos a la ciudad de Guayaquil y nos esperaba en el aeropuerto el líder de la misión Kairos en el Ecuador, tomamos un taxi hasta la terminal terrestre de buses, ya que nos tocaba viajar en autobús por carretera por más de tres horas para llegar a nuestro nuevo hogar en el Cantón Valencia, Provincia de los Ríos.

Hablar del campo misionero es muy diferente a vivir en él. Compartiré un poco las experiencias vividas con ustedes.

Comenzando por lo difícil que resulta prepararse realmente para salir a lugares lejanos, ajenos, desconocidos, dejando nuestras costumbres y cultura de nuestro país de origen, para acostumbrarnos a las costumbres y cultura de cada país donde somos enviados por Dios a trabajar. He conocido personas que quieren imponer sus tradiciones, costumbres y cultura de su país y aplicarlas en el campo misionero, lo cual resulta en un verdadero desastre. Conocí un caso de una iglesia que, de 150 miembros, solo quedaron 60 con un pastor misionero.

Nuestras costumbres y culturas deben quedarse en casa y son parte de nuestro país, por tanto, les aconsejo a aquellos que quieren ser misioneros y quieren tener un ministerio fructífero fuera de su país de origen, primero, ame profundamente a Dios, al pueblo, para que pueda alegrarse con ellos, llorar con ellos, compartir sus costumbres, sus comidas, bebidas, sus momentos de celebración y alegría, respetando sus costumbres sin caer en idolatría o pecados. De esta manera, por la gracia de Dios, usted lograra resultados positivos y de gran bendición. Dios puso sus manos poderosamente para que nos acostumbráramos y actualicemos con el pueblo que ministrábamos.

Dos años en el Ecuador fueron precisos para lograr frutos que Dios nos concedió por su infinito amor. Ecuador es un país que ha heredado por el enemigo de las almas la idolatría, santería, prostitución y muchos pecados como en muchos países de América Latina y del mundo. También es un país de personas bellas, maravillosas, gente trabajadora, gente sufrida como son los campesinos y los indígenas que están siempre expuestos al sol para trabajar en sus tierras, mujeres con un gran número de hijos, sin recursos, hombres

machistas que maltratan a las mujeres, y otras que son abusadas y violadas. Con una tierra fértil para la siembra, con toda clase de frutas, verduras, etc. Hay familias muy unidas que viven con amor en tranquilidad, pero esto no quita la falta de conocimiento y necesidad de Dios en sus vidas. Muchos por ignorancia y por no tener la oportunidad de estudiar, otros porque fueron mal enseñados en las cosas de Dios y su perfecta voluntad, recibiendo las tradiciones y enseñanzas de sus antepasados que todo lo que hacían era adorar a imágenes, ídolos, llamados "santos" que nunca pudieron bendecir sus vidas, sus tierras ni su país. Muchos parecen tener corazones de piedra que no permite que la Palabra de Dios quede sembrada y pueda quedarse en el corazón de ellos.

Mas creo en el poder de Dios todo Poderoso que nos afirma, que donde abunda el pecado sobreabunda la gracia, misericordia y el amor del Señor. Creo que Jesús no vino por los sanos y los que estaban bien si no que vino a rescatar a los perdidos, sanar a los enfermos, liberar a los cautivos y oprimidos por el diablo. Su amor maravilloso es gratis para todos cuanto quieran.

Los misioneros, hombres y mujeres de Dios que hemos dejado nuestras familias, casa, amigos, iglesia, país por el amor de Cristo, estamos seguros de que tenemos respaldo para seguir anunciando el Evangelio de Jesucristo, conscientes de las duras pruebas, persecuciones, adversidades y problemas de toda naturaleza. Creemos que el que ha empezado su buena obra en nuestras vidas, El mismo la perfeccionara hasta su venida. Nuestro ministerio en el Ecuador ha sido enriquecido por Dios; empezamos con un pequeño equipo de futbol para niños; sin embargo, los padres cuando se enteraban que estábamos enseñando la Palabra de Dios a los niños, no le permitieron más participar en la escuela. Entonces clamamos a Jesús y al Espíritu Santo para que nos diera estrategias de trabajo. Pocos meses después nos visitaba el Pastor presidente de la reunión Kairos. Valdemar Carvalho el cual amamos mucho. El Pastor Elías de Oliveira le tocaba vacaciones después de tres años en Valencia, nosotros empezábamos a desarrollar nuestro trabajo.

En una visita a un pequeño Pueblo en Chipe tuvimos una experiencia en un local carente de todo sin salubridad básica, pozos sépticos, el pueblo sufriendo de tantas enfermedades, niños llenos de parásitos, contaminados por el agua y personas esclavizadas por satanás en toda clase de pecados.

Sin embargo, el pueblo en general no quería saber de nosotros ni de las cosas del Señor, solamente a través del poder de Dios se podría lograr victorias como las que Dios nos concedió en este recinto. El Señor nos puso en gracia con un equipo de médicos del hospital Voz de los Andes en la ciudad de Quito.

Ellos salían en caravanas al campo donde hay completa necesidad, para ayudar a las personas en esos Pueblos. Estos médicos vinieron en una ocasión a Valencia con todo su equipo. Hicimos una amistad con los moradores de este recinto y pudimos realizar cultos en las canchas, una vez la semana, tratando de ayudar a todos los que se nos acercaban.

Llegada la navidad hicimos una gran fiesta principalmente a los niños los cuales nos dedicábamos con mucho amor y trabajo. No teníamos condiciones, sin embargo, esto era un desanimo para retroceder.

En medio de la hierba, arreglamos tres grandes piedras, bastantes palos e hicimos una gran fogata en una inmensa olla. Preparamos una rica sopa estilo brasileño, con toda clase de legumbres, viandas etc. Estábamos curioso por saber si a las personas les iba a gustar, comieron como 130 niños, y esto fue un paso para evangelizarlos mejor. A partir de ese momento nos esforzábamos el doble de atención y cuidado, porque estábamos seguros de que Dios obraría en este recinto, donde luego algunas personas se entregaban a Cristo y nuestro corazón cada día más contento. El Señor quería que construyéramos una iglesia en ese sitio, aunque humanamente no había recursos suficientes para construir, pero Dios es nuestro Proveedor entonces comenzamos a orar y esperar nuestro milagro.

En una ocasión nos invitaron a predicar en la Ciudad Baños. Cuando llegué a la Ciudad a la casa del pastor, compartí con el mi profundo deseo de construir mi Iglesia en Chipe donde vivía una situación difícil y muy triste por la pobreza y la carencia que tenían, en especial los niños. Dios tenía derramado en nuestros corazones amor por estas vidas.

Llegó la hora de irnos a la iglesia y había una pareja de americanos visitando al Pastor. Seguramente mi amigo pastor Agey de origen brasileño y que ya vivía por siete años en Baños les compartió mis deseos a los hermanos americanos. Predicamos la palabra del Señor en la iglesia de nuestro hermano y doce personas se entregaron a Cristo, ¡Fue una tremenda bendición! De regreso a casa para compartir la merienda, para mi sorpresa la pareja de americanos Llarry y Diane Schwenk que son partes de Missions Inc. Se acercaron a mí y me preguntaron qué cuanto sería el valor para comprar el terreno en Chipe, para construir la Iglesia, yo les dije que unos 600 mil sucres, que es la moneda nacional de Ecuador. Los siervos se fueron a su cuarto y regresaron con el dinero y me dijeron "Aquí los tiene Pastor" ¡Oh, Gloria a Dios, que alegría! El Señor siempre sorprende con cosas grandiosas que solamente Él tiene poder para hacerlo.

Regresé a Valencia con una sonrisa en mis labios de oreja a oreja, durante una semana busque el terreno de Chipe para comprarlo después de hacerlo saque una copia del documento y se los envié a los amados hermanos que ya estaban en Estados Unidos. Sin embargo, tuvimos que enfrentar muchas luchas pues el enemigo se había levantado con mucha violencia de varias maneras, pues el sintió que su reinado en ese lugar estaba siendo amenazado por los guerreros que el Señor había enviado para que fuera derrotado.

Conforme iban pasando las pruebas, El Señor nos fortalecía cada día nos daba más conocimiento y experiencia y era más grande nuestra determinación en seguir firme y adelante, como siervos llenos del Espíritu Santo permanecíamos en obediencia y fidelidad a nuestro Señor.

Pasaron un par de días y conocí una bella familia, el hombre que amaba mucho al Señor, yo me imagine que el sería un gran hombre de Dios. Todos lo conocen como el Ingeniero Gabriel Martinetti, joven simpático y muy trabajador. El me recibió con mucha educación y me sirvió coca cola, y pude compartir con él, el sueño de construir una iglesia e Chipe. El con toda determinación me contestó: "Pastor, le doy el material, usted consigue la mano de obra". ¡Aleluya! El corazón del ingeniero Gabriel estaba dispuesto a ayudar a su gente porque siente el dolor de los más necesitados, con razón le consideran una gran persona.

La iglesia de Chipe se construyó en tres meses. El misionero Elías recién había llegado de sus vacaciones desarrollaba sus habilidades en construcción. Josemar Santana quien también era un gran guerrero en la obra del Señor y los niños en pequeñas vasijas cargaban el material para la construcción, para que todos en Chipe pudieran escuchar el mensaje de salvación. El día 5 de Julio de 1999 inauguramos la Casa del Señor consagrada y declarada puerta del cielo para las familias de Chipe; y bautizamos a ocho personas. Seguíamos trabajando contentos, pero nos vino otra prueba muy fuerte.

Mi hija fue diagnostica con herpes en su rostro afectando su visión por completo y deformando su rostro por la hinchazón debido a un virus, ocasionándole dolores terribles y este fue un momento delicado para nosotros, pues el médico le prohibió seguir estudiando, no podía recibir sol, tenía que hacer reposo absoluto y nos dijo también que el dolor sería para toda su vida. Sin embargo, era una oportunidad más que el Señor usaría para asegurarnos que Él es Jehová Rafa, El Señor que sana.

Compartimos esto con nuestra iglesia en Brasil y con varios hermanos en oración. Fue una batalla contra el diablo que pretendía desanimar y entristecer a nuestra hija. Yo como pastor de mi hogar le decía a mi hija: "Créeme que en el día de su cumpleaños usted estará compartiendo el cake". Faltaba como 20 días y para gloria del Señor mi hija estuvo toda la tarde en alabanza y oración por haberle sanado, como también por su cumpleaños.

Nuevos desafíos surgían, tuvimos nuevamente la oportunidad de traer la caravana medica de Quito a otro pueblo llamada Triunfo, y resulto en gran bendición. Fueron tres días de atención medica odontología y también noches de películas evangélicas, ensenando y compartiendo con el pueblo.

Yo hice tiempo para cocinar para los doctores con las mujeres de la comunidad como una estrategia para conocernos mejor y establecer una buena relación, y Dios obró de manera especial pues cuando se fueron los médicos seguimos visitando este pueblo y la amistad iba creciendo, al punto de conseguir el apoyo y permiso de la directiva de la comunidad para usar la iglesia católica San Pedro donde realizamos un culto, en el cual doce personas se entregaron al Señor. Hoy es un punto donde otros misioneros predican. El Señor respalda a sus siervos añadiendo bendiciones.

Luego de un par de días llegó el Pastor presidente de la misión Kairos y realizó una reunión general con los misioneros que trabajaban en el Ecuador. De ahí se tomó la decisión de cambiarnos a una nueva ciudad llamada Mocache. Esto fue una sorpresa pues nuestros corazones estaban en Chipe. Amábamos a las personas principalmente a los niños, y nuestro pensamiento era dejar una iglesia bien establecida, pues el pueblo ya nos amaba y querían que la obra se desarrollaba bien. No por menospreciar a nuestros compañeros lo que pasa es que cuando el Señor usa a un siervo en determinado sitio, los frutos se ven, por determinación de nuestros Líderes, era necesario plantar otra iglesia en Mocache y teníamos que obedecer.

Fuimos a conocer Mocache, hablamos con las autoridades locales y nos dieron permiso para proyectar la película de Jesús en el parque del pueblo, que fue de gran bendición. Regresamos otro día a la ciudad para buscar un local para alquilar e inaugurar y consagrar una casa de oración.

Conseguimos un local en buenas condiciones y realizar el primer culto en la Iglesia Evangélica Misionera El Shaday y contamos con frutos, siervos que colaboraron con la obra de Dios Todopoderoso, quien tiene un plan bello para los ecuatorianos, donde las puertas del infierno no prevalecerán contra la Iglesia del Señor Jesús.

Estamos ampliando la visión del Ministerio en Ecuador, queremos construir albergues y centro de restauración y capacitación para niños, no solamente para recibir niños de la calle, sino también los necesitados, para capacitarlos y así puedan tener un futuro mejor. Hacer los mismo con los jóvenes drogadictos para que salgan de esa vida y encuentren su llamado, se preparen para que sean personas de bien. También pensamos en los ancianos, que puedan tener una vejez tranquila, no tan dura y conozcan a su Creador.

Aunque piensen que estoy loco, porque no disponíamos de recursos, les digo que el mismo Dios que alimento a su pueblo por cuarenta años en el desierto, que separo el mar Rojo para que su pueblo siguiera a la tierra prometida, haciendo caer a sus enemigos que los perseguían, es el mismo Dios que ha hecho tantos milagros, prodigios y maravillas por todos los tiempos, El mismo que está con nosotros y premia nuestro esfuerzo y nuestra fe.

Ese mismo Dios maravilloso que me arrancó de las garras del diablo cuando no servía para nada; sacándome de las tinieblas a la Luz Admirable para darme nueva vida en Cristo Jesús y ser ahora bendición para las naciones. Por eso, estoy convencido que, si todos estos sueños están en el corazón de Dios, nada ni nadie impedirá que siga adelante y se cumplan. Mi tesoro está en el Cielo, para que nunca este preocupado por las riquezas de este mundo.

Muchos líderes que conozco están llenos de orgullo, como si tuvieran oro en sus barrigas, dejando a sus ovejas cada vez más sin alimento. Me preocupa que, a pesar de toda clase de seminarios teológicos, no hallan resultados como se deberían tener al predicar el Evangelio.

No estoy en contra de los seminarios teológicos y que los siervos de Dios se capaciten para el desarrollo de sus ministerios, ni me creo mejor que cualquiera de esos hermanos, pero hay que aprender humildad, misericordia y dedicación, tener vocación y estar convencidos de que somos llamados, no para nuestra vanagloria y satisfacción sino dispuestos a sufrir por el Evangelio del Señor y dispuestos a ayudar y bendecir a los necesitados.

Mi ministerio fue diferente porque no fui a una Universidad ni a un curso de teología, sino que tuve un encuentro personal con el Maestro, mi Salvador Jesús, el mismo Salvador que se encontró con el apóstol Pablo quien perseguía a sus discípulos, camino a Damasco. En mi caso no perseguía a nadie, pero era también un instrumento del diablo y El me saco del mismo infierno. Haciéndome totalmente nuevo por su Santo Espíritu que cambio mi mente, mi corazón, mi alma, y todo mi ser, y me ha dado amor por los perdidos, esclavos del vicio, los que sufren, los necesitados, las viudas, los huérfanos y los ancianos; para ser pescador de hombres, predicar, enseñar y ayudar.

A todos mis hermanos y compañeros siervos del Señor les pido y es mi oración, que pongamos en práctica lo aprendido, que vivamos La Palabra de Verdad, y que sigamos la obra que nos fue confiada, que seamos una Iglesia unida donde quiera que estemos, olvidando toda clase de divisiones y cuidemos de adornar la novia del Señor Jesucristo.

Cuando digo adornar, no me refiero a decorar, acomodar, preocuparnos tanto por las sillas que tengamos, el aire acondicionado, el espacio y como luzca la iglesia o lugar de reunión, ustedes saben a qué me refiero. No estoy en contra de invertir en un templo con buenas condiciones, pero el templo es solo un lugar, no es la Iglesia, cuidemos pues a las almas y suplamos la necesidad del pueblo.

¿Para qué gastar $30 000 dólares en un aire acondicionado y cosas vanas, cuando no se tiene ni $1000 dólares para las misiones y misioneros que no tienen canastas de amor para una viuda y sus hijos? Me duele el afán por invertir en construcciones lujosas con gastos enormes cuando hay tanta necesidad en otros lugares y los misioneros sufren por cumplir su labor con amor. Muchos líderes prefieren autos caros, de más de $60 000 dólares, cuando hace la misma función que un auto nuevo de $20 000 dólares. También gastan en banquetes llenándole la panza a otros que les cuesta ir a la iglesia y que hay que mantenerlos entretenidos y bien alimentados para que no se pierdan.

La bendición de nuestro Dios es también material, pero principalmente es espiritual, pues Él quiere que hagamos tesoros en el Cielo cuando somos capaces de ayudar a los necesitados y predicar con el ejemplo.

En todo este tiempo que hemos vivido en el Ecuador, el Señor ha obrado de manera muy especial, hemos visto enfermos de cáncer sanar, ha alimentado a muchas familias, preparado y bendecido a muchos siervos y discípulos a través de nuestras vidas, y queremos continuar siendo bendición.

Los frutos han crecido por ciudades como Chipe y El Triunfo, donde hasta un líder católico cambio sus clases de catecismo por estudios bíblicos, haciendo un compromiso con el verdadero Señor Jesucristo.

Mi deseo, intención y oración por ti amado que lees este libro, es que no solo conozcas mi testimonio, como Dios cambio mi vida y me saco del pozo cenagoso y de la desesperación sino para que El Espíritu Santo toque tu vida, encuentres tu llamado, tu propósito en esta vida pasajera, vivas y te comprometas de verdad con el Señor, para que el obre en tu vida, y te use como un instrumento de justicia y bendición para otros.

OREMOS:

Señor y Padre amado, te rogamos por tus hijos y tu pueblo en toda la tierra, que cada día estén más firmes en la roca que es Jesucristo. Gracias Padre, permítenos ser gratos a ti mientras vivamos, en el nombre de tu Hijo amado Jesús. ¡Amen!

FOTOS NUESTRAS Y DE NUESTROS VIAJES MISIONEROS

Fotos familiares de joven

Con mi esposa Angela y mis hijos Alan y Fernanda

Siempre junto con mi bella esposa Angela da Costa

La familia siempre unida

Regalo de Dios

Ministrando a las naciones, cada sitio, cada rincón

Ministrando a las naciones, cada sitio, cada rincón

Realizando un bautismo.

Viajando a las misiones con mi esposa

Iglesia fundada, construida y pastoreada por nosotros en Ecuador

Dios operando milagros, salvación y curación

Asistencia social con suministro de agua para la gente después del terremoto en Manta, Ecuador

En la Selva Peruana

Entregando regalos a los niños para Navidad

Niños felices con sus regalos y siendo bendecidos con oración y la Palabra de Dios

Obra Misionera en Barranquilla, Colombia

Ministrando con amados hermanos

En uno de mis viajes misioneros

En la Casa Misionera de Alcance Misionero de Tampa, Florida, USA

En Londres, Inglaterra

En la Iglesia Misionera de Londres, Inglaterra

En una Misión en Israel

En una Misión en Israel

En una Misión en Israel

En Madrid, España

Labor Misionero en Aldeia Indígena Terenas Mato Grosso Brasil

Misión en la Casa Serena. Recuperando Los muchachos de vício, (droga, álcohol)

Evangelismo estado de Bahía Brasil, en parque público

Regalando Biblias y Evangelizando

La sierva Mosionera Ministrando

Baute
Production

2016 "Mi Testimonio" Por Adilsier J. Santos Costa.
Publicado por Baute Production Publisher
Email: authors@usa.com
Ultima revisión 2024
Tampa, FL 33616
(813) 693-8879

Made in the USA
Columbia, SC
22 February 2024

31897498R00067